Selections from
CONTEMPORARY
PORTUGUESE
POETRY

Illustrated by Anne Marie Jauss

Foreword by
ERNESTO GUERRA DA CAL

Selections from CONTEMPORARY PORTUGUESE POETRY

A Bilingual Selection

by JEAN R. LONGLAND

HARVEY HOUSE, INC. • Publishers
Irvington-on-Hudson • New York

© 1966 by Harvey House, Inc.

All rights reserved, including the right to reproduce this book or portions thereof in any form.

Library of Congress Catalog Card Number: AC 66-10393
Manufactured in the United States of America

Harvey House, Inc., *Publishers*
Irvington-on-Hudson, New York

Acknowledgments

The translator and the publisher are grateful for the cooperation of those persons and publishers who granted permission to use their material. Every effort has been made to trace and to acknowledge properly all owners of literary rights. If any acknowledgment has been inadvertently omitted, the publisher will be pleased to make the necessary correction in the next printing.

"Ruas Desertas, XVII" by José Gomes Ferreira (*Poesia*, published 1962-63 by Portugália Editora, Lisbon). Reprinted by permission of the poet.

"Sabedoria" by José Régio (*A Chaga do Lado*, published 1956 by Portugália Editora, Lisbon). Reprinted by permission of the poet.

"Início" by Saúl Dias (*Obra Poética*, published 1962 by Portugália Editora, Lisbon). Reprinted by permission of the poet.

"Conflito" by Alberto de Serpa (*Poesia*, published 1944 by Inquérito, Lisbon). Reprinted by permission of the poet.

"Perplexidade" by Miguel Torga (*Câmara Ardente*, published 1962). Reprinted by permission of the poet.

"Fantasia" by Adolfo Casais Monteiro (*Versos*, published 1944 by Inquérito, Lisbon). Reprinted by permission of the poet.

"Antes da Metralha . . ." by Tomaz Kim (*Líricas Portuguesas*, 3.ª *Série*, edited by Jorge de Sena, published 1958 by Portugália Editora, Lisbon). Reprinted by permission of the poet.

"O Sopro Interior" by Ruy Cinatti (*O Livro do Nómada meu Amigo*, published 1958 by Guimarães Editores, Lisbon) and "Quando Eu Partir" (*Nós Não Somos deste Mundo*, published 1960 by Edições Ática, Lisbon). Reprinted by permission of the poet.

"Natal" by Álvaro Feijó (*Os Poemas de Álvaro Feijó*, published 1961 by Portugália Editora, Lisbon). Reprinted by permission of the late poet's brother, Rui Feijó.

"A Adesão dos Elementos" and "Elegia ao Companheiro Morto" by Mário Dionísio (*As Solicitações e Emboscadas*, published 1945 by Atlântida Editora, Coimbra). Reprinted by permission of the poet and the publisher. "O Riso Dissonante, XXIX" (*O Riso Dissonante*, published 1950 by Centro Bibliográfico, Lisbon). Reprinted by permission of the poet.

"Terra, 23" by Fernando Namora (*As Frias Madrugadas*, 2.ª *Edição*, published by Editora Arcádia, Lisbon, copyright by Fernando Namora). Reprinted by permission of the poet.

"Quem a Tem . . ." and "Meditação em King's Road" by Jorge de Sena (*Fidelidade*, published 1958 by Livraria Morais Editora, Lisbon). Reprinted by permission of the poet, who also kindly supplied the folk quatrain on page 47.

"Dia" and "Noite" by Sophia de Mello Breyner Andresen (*No Tempo Dividido*, published 1954 by Guimarães Editores, Lisbon) and "As Ondas" (*Dia do Mar*, published 1961 by Edições Ática, Lisbon). Reprinted by permission of the poet.

"Arado" by Raul de Carvalho (*Poesia*, published 1955 by Portugália Editora, Lisbon). Reprinted by permission of the poet.

"Invenção da Manhã, 4" by Vasco Miranda (*Invenção da Manhã*, published 1963 by Livraria Morais Editora, Lisbon). Reprinted by permission of the poet.

"Outubro" by Egito Gonçalves (*Líricas Portuguesas, 3.ª Série*, edited by Jorge de Sena, published 1958 by Portugália Editora, Lisbon); "Bilhete Postal" (*Os Arquivos do Silêncio*, published 1963 by Portugália Editora, Lisbon); and "Apontamentos para uma Canção, Mais Tarde" (*A Viagem com o teu Rosto*, published 1958 by Publicações Europa-América, Lisbon). Reprinted by permission of the poet.

"Autografia, V" by Mário Cesariny de Vasconcelos (*Poesia {1944-1955}*, published by Delfos, Lisbon). Reprinted by permission of the poet and Edições "Delfos," Lisbon.

"Ao Ultimo Sol" by João Maia, S. J. (*Écloga Impossível*, published 1960 by Livraria Morais Editora, Lisbon). Reprinted by permission of the poet.

"O Avestruz Lírico" by António Manuel Couto Viana (*Líricas Portuguesas, 3.ª Série*, edited by Jorge de Sena, published 1958 by Portugália Editora, Lisbon). Reprinted by permission of the poet.

"A Corda Tensa que Eu Sou", "Nevoeiro," and "Astromania" by Sebastião da Gama (*Serra-Mãe, 3.ª Edição*, published 1963 by Edições Ática, Lisbon). Reprinted by permission of the poet's widow, Senhora Dona Joana Luísa da Gama.

"A Meu Favor" by Alexandre O'Neill (*No Reino de Dinamarca*, published 1958 by Guimarães Editores, Lisbon) and "Cão" (*Abandono Vigiado*, published 1960 by Guimarães Editores, Lisbon). Reprinted by permission of the poet.

"Não Posso Adiar" and "O Funcionário Cansado" by António Ramos Rosa (*Viagem Através duma Nebulosa*, published 1960 by Edições Ática, Lisbon). Reprinted by permission of the poet.

"Poesia sem Título" by António Luís Moita (*Teoria do Girassol*, published 1956). Reprinted by permission of the poet.

"Hai-Kai" by David Mourão-Ferreira (*Os Quatro Cantos do Tempo*, published 1963 by Guimarães Editores, Lisbon) and "Aviso de Mobilização" (*Tempestade de Verão*, published 1960 by Guimarães Editores, Lisbon). Reprinted by permission of the poet.

"Conjugação" by António Maria Lisboa (*Poesia*, published 1962 by Guimarães Editores, Lisbon). Reprinted by permission of the late poet's mother, Senhora Dona Michaella do Céu Dias da Silva.

Contents

Foreword by ERNESTO GUERRA DA CAL	9
Preface	11
Deserted Streets, XVII	12
Ruas Desertas, XVII JOSÉ GOMES FERREIRA	13
Wisdom	14
Sabedoria JOSÉ RÉGIO	15
Beginning	16
Início SAÚL DIAS	17
Conflict	18
Conflito ALBERTO DE SERPA	19
Perplexity	20
Perplexidade MIGUEL TORGA	21
Theater of the Doll	22
Teatro da Boneca CARLOS QUEIROZ	23
Fantasy	24
Fantasia ADOLFO CASAIS MONTEIRO	25
Parallel Hours	26
Horas Paralelas MERÍCIA DE LEMOS	27
The Great Solitude, X	28
A Grande Solidão, X MERÍCIA DE LEMOS	29
Before the Shrapnel	30
"Antes da Metralha . . ." TOMAZ KIM	31
The Inner Breath	32
O Sopro Interior RUY CINATTI	33
When I Depart	34
Quando Eu Partir RUY CINATTI	35
Nativity	36
Natal ÁLVARO FEIJÓ	37
The Solidarity of the Elements	38
A Adesão dos Elementos MÁRIO DIONÍSIO	39
Elegy for the Dead Comrade	40
Elegia ao Companheiro Morto MÁRIO DIONÍSIO	41
Discordant Laughter, XXIX	42
O Riso Dissonante, XXIX MÁRIO DIONÍSIO	43
Habitat, 23	44
Terra, 23 FERNANDO NAMORA	45
He Who Has It	46
"Quem a Tem . . ." JORGE DE SENA	47
Meditation at a Corner on King's Road	48
Meditação em King's Road JORGE DE SENA	49
Day	50
Dia SOPHIA DE MELLO BREYNER ANDRESEN	51
The Breakers	50
As Ondas SOPHIA DE MELLO BREYNER ANDRESEN	51

Night	50
Noite SOPHIA DE MELLO BREYNER ANDRESEN	51
Plow	52
Arado RAUL DE CARVALHO	53
Invention of the Morning, 4	54
Invenção da Manhã, 4 VASCO MIRANDA	55
October	56
Outubro EGITO GONÇALVES	57
Post Card	58
Bilhete Postal EGITO GONÇALVES	59
Notes for a Song, Later On	60
Apontamentos para uma Canção, Mais Tarde EGITO GONÇALVES	61
Autography, V	64
Autografia, V MÁRIO CESARINY DE VASCONCELOS	65
To the Last Sun	66
Ao Último Sol JOÃO MAIA	67
Lyrical Ostrich	68
O Avestruz Lírico ANTÓNIO MANUEL COUTO VIANA	69
The Taut String	70
A Corda Tensa que Eu Sou SEBASTIÃO DA GAMA	71
Mist	72
Nevoeiro SEBASTIÃO DA GAMA	73
Astromania	74
Astromania SEBASTIÃO DA GAMA	75
In My Favor	76
A Meu Favor ALEXANDRE O'NEILL	77
Dog	78
Cão ALEXANDRE O'NEILL	79
I Cannot Postpone	80
Não Posso Adiar ANTÓNIO RAMOS ROSA	81
The Tired Office Worker	82
O Funcionário Cansado ANTÓNIO RAMOS ROSA	83
Untitled Poem	84
Poesia sem Título ANTÓNIO LUÍS MOITA	85
Haiku	86
Hai-Kai DAVID MOURÃO-FERREIRA	87
Draft Notice	88
Aviso de Mobilização DAVID MOURÃO-FERREIRA	89
Conjugation	90
Conjugação ANTÓNIO MARIA LISBOA	91
Upper Town	92
Bairro Alto ALBERTO DE LACERDA	93
Divine Attributes	94
Atributos Divinos ALBERTO DE LACERDA	95
Index	96

Foreword

Translation is perhaps the most maligned of all literary endeavors. There is a rich lore of sayings deriding the translator's task. Everybody remembers the Italian play on words *traddutore—traditore*. Robert Frost affirmed that "poetry is that which gets lost from prose and verse in translation." Heinrich Heine defined the translated poem as "a beam of moonlight . . . stuffed." We could go on quoting, without forgetting the cynic who said that translations, like wives, can seldom be both beautiful and faithful. And yet poetry has to be translated, because it is the only means we have of sharing the treasures of the poetical experience contained in the languages we don't know. But the translator's undertaking is indeed a thankless one, since the reader is always granted the blank privilege of finding fault with a particular interpretation of the poem that is offered to him.

Poetical language is, by nature, revelatory. The words of a poem are always, to a greater or lesser extent, oracular, sybilline and unique in themselves; in their sound and appearance, in their order and in their organic interrelation to all the other components of the whole. They vibrate mysteriously with multiple denotations, connotations and the countless allusions they have absorbed through their complex functions within a given culture—a great many of them intransferable to another culture. Obviously, the translator, before he starts, has to be resigned to accept the fact that a high proportion of the original essence of the poem will have evaporated by the time his work is done. It is for this reason that it has been said that to attempt translation indicates either a colossal naiveté or a Luciferian pride. For if translators allow themselves the freedom to re-create, we have a new poem, based on, or related to, a foreign original—its quality depending on the poetic powers of the translator; and if they are fettered by unimaginative literalness, then we have a travesty. The ideal translator would seem to be the one who proves capable of steering a safe middle course between Scylla and Charybdis. This is what, in my opinion, Jean Longland has been able to achieve here. I am willing to accept a great deal of the moral responsibility for this anthology, because, having come to know her secret passion for rendering poetry from the Portuguese and being fully aware of her innate modesty, pestered, coaxed and cajoled her into sharing her work with the public.

Poetry, in general, by its very nature and by the demands it places upon the reader, is always a concern of minorities. Portuguese poetry in the United States is almost a *terra incognita,* thus far of interest only to a tiny company restricted to the academic world—which is, fortunately, slowly but steadily growing. And yet, the poetic tradition of Portugal is a treasure-house that true lovers of verse can ill afford to bypass. It has always been so delicate and varied in form, so rich in intimate, lyrical content, that its idiom was borrowed by epic Castile for subjective expression from the Middle Ages to the dawn of the Renaissance, and later its substance fully assimilated into the development of Spain's native lyricism.

It has been said that poetry lives by tradition, and Portuguese poetry is the best proof of this. It early explored the realm of innermost experience: of love, of solitude, of anxiety and death, and the correspondence of those moods of the soul with the movements of the outside world, especially those of nature. It has, from its inception, been obsessed with a peculiar, dreamy craving for the remote for the sake of remoteness, mixed with the bitter-sweet pleasure-pangs of *mors-amor*— complex feeling untranslatably known as *saudade.* To this has to be added an equally ancient and powerful inclination to mockery and self-irony. The reader will hear the echoing of these ever-present romantic chords in many pages of this anthology.

Of course, any anthology can be argued as incomplete. Some readers may object to the present one and to the criteria used for selection, protesting inclusions or exclusions of both poets and poems. But as the translator herself points out, the factors that determine the final composition of a foreign anthology are very different from those which condition a native one: excessive length or excessive compactness, excessive foreignness—or just plain excessive difficulty. However, all this is immaterial here. The plain positive fact is the very presence of this anthology among us. From the vast unmapped land of Portuguese poetry Jean Longland has gathered a fine selection of poems. With unerring taste and with a hand both sure and delicate she has turned them into English. The beautiful flowers she has picked from the contemporary bed of the eight-hundred-year-old garden of Lusitanian lyricism are valid individually and as a personal bouquet. We are all the richer for them. Let us hope that they whet the appetite of the readers for more and that Jean Longland can soon give us the larger collection she has promised us.

ERNESTO GUERRA DA CAL

The City University of New York
September 1966

Preface

Aubrey Fitz Gerald Bell, the British authority on Portuguese literature, once declared that no small country except ancient Greece had produced so great a literature as Portugal. Contemporary Portugal is still pouring out a stream of fine poetry, and the present anthology can give only a hint of its richness. I hope this book will arouse an interest in modern Portuguese poetry that will justify the larger collection I have in preparation.

This is an anthology of short poems by writers born in the twentieth century. Emphasis has been placed on the younger poets who are less familiar to a foreign audience, and the arrangement is chronological according to the authors' birth dates. The poems were selected for literary merit, possibility of successful translation, variety of moods, and suitability for teaching, and the spelling used by the original authors has been faithfully reproduced.

A special tribute is due to Dr. Ernesto Guerra Da Cal who inspired, encouraged, and insisted until I devoted myself to translation in self-defense. I am also very grateful to Dr. Raymond S. Sayers and Dr. José Rodrigues Miguéis, who read and commented on the manuscript, and to Professor Alexandre da Rocha Prista who read the proofs.

J.R.L.

Deserted Streets, XVII

Singing I go! Singing I go!

... but nearer and nearer the corner
where perhaps there awaits me ...
the Claw.
Springing from beyond the air ...
the Claw.
Swinging from the skin of the shadow ...
the Claw.
Implacable in the curving silence ...
the Claw.

But perhaps not yet on that corner.
Perhaps on the next one along
where a bird is seen fluttering
in the shade of the wall ...

(Singing is best! Singing is best!)

José Gomes Ferreira (1900-), poet, prose writer, and composer.

Ruas Desertas, XVII

Vou a cantar! Vou a cantar!

... mas cada vez mais próximo da Esquina
onde está talvez à minha espera ...
a Garra.
Saída do outro lado do Ar ...
a Garra.
Pendida da pele da sombra ...
a Garra.
Implacável no silêncio curvo ...
a Garra.

Mas talvez não seja ainda naquela Esquina.
Talvez só na outra mais adiante
onde se vê uma ave a esvoaçar
na sombra do muro ...

(O melhor é cantar! O melhor é cantar!)

JOSÉ GOMES FERREIRA

Wisdom

Now that everything wearies me,
I have begun to live.
I have begun to live hopelessly ...
And may death come when God wills.

Before, whether small or great,
hopes I always had:
at times so great that my crazy dream
flew from the stars to the rarest mate;
at other times so small
that no one else would have been resigned at all.

Today I hope for nothing.
What is hoping for?
I know that nothing is mine unless it is mine no more;
if I wish, it is while I wish without insistence;
only secretly can I still love, and at a distance ...
And may death come when God wills.

But what is this to the stars in the sky?
They go on shining, lovely, high.

José Régio (1901-), pseudonym of José Maria dos Reis Pereira, brother of Saúl Dias; poet, professor, prose writer, and one of the founders of the magazine Presença.

Sabedoria

Desde que tudo me cansa,
comecei eu a viver.
Comecei a viver sem esperança...
E venha a morte quando Deus quiser.

Dantes, ou muito ou pouco,
sempre esperara:
às vezes, tanto, que o meu sonho louco
voava das estrelas à mais rara;
outras, tão pouco,
que ninguém mais com tal se conformara.

Hoje, é que nada espero.
Para quê, esperar?
Sei que já nada é meu senão se o não tiver;
se quero, é só enquanto apenas quero;
só de longe, e secreto, é que inda posso amar...
E venha a morte quando Deus quiser.

Mas, com isto, que têm as estrelas?
Continuam brilhando, altas e belas.

José Régio

Beginning

You smile
and the world is just beginning!

Your hand I feel stealing
into mine...

Swallows are wheeling...
Random roses falling...

Saúl Dias (1902-), *pseudonym of Júlio Maria dos Reis Pereira, brother of José Régio; poet and engineer, known as a painter under his own name.*

Início

Sorris
e o mundo começou agora mesmo!

A tua mão
sinto-a poisar na minha...

Há voos de andorinha...
Caem rosas a esmo...

Saúl Dias

Conflict

The impotence of arms!
So much effort, for what?

We manage to grasp bodies.
(But what use are bodies?)

Souls—arms can grasp
souls
as they can grasp
light, shadow, smoke . . .

Arms are wings
left unfinished by God.
All the tragedy of man
is in the almost
lacking for arms to be wings.

With anxiety and desire
we point them into arches
and then they fall
weightily
to our sides . . .

Alberto de Serpa (1906-), poet, businessman, editor, and one of the founders of the Revista de Portugal.

Conflito

A impotência dos braços!
Tantos esforços, para quê?

Conseguimos prender corpos.
(Mas os corpos que valem?)

As almas podem os braços
prendê-las,
como podem prender
a luz, a sombra, o fumo...

Braços são asas
que Deus não acabou.
Toda a tragédia do homem
está no quase que falta
aos braços para serem asas.

Fazemos dêles ogiva,
em ânsias e desejos,
para depois caírem
pesadìssimamente
ao longo do corpo...

ALBERTO DE SERPA

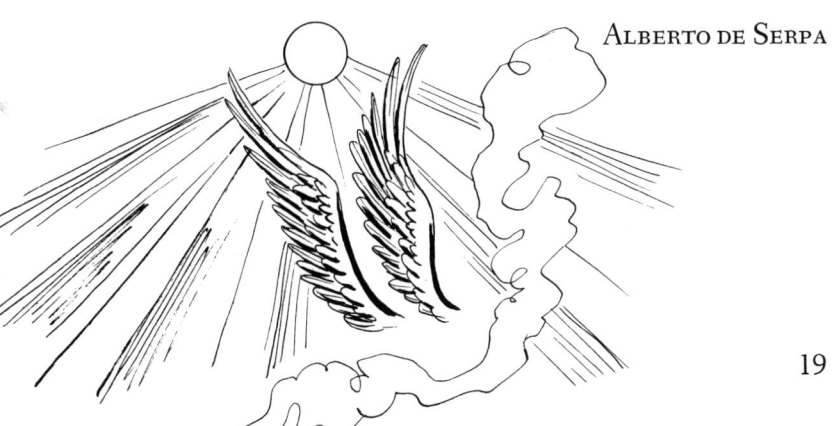

Perplexity

I hesitate on the road.
No one else is going this way . . .
In another direction leans
the wind that bears away the smoke
of passion . . .
Arrive—I know I shall not arrive,
not by any means.
But at least I would like to go with lyrical calm,
keeping the true path without a qualm.

And I do not go.
More and more alone
in solitude,
I doubt the rightness of my steps.
I see the ancestral thirst of the multitude
turn away from the springs that I sense abide
and I remain in the mortal indecision
of affirming or denying the blind intuition
that serves me as staff and guide.

Miguel Torga (1907-), pseudonym of Adolfo Rocha, who published his early poems under his own name; poet, physician, editor, and prose writer.

Perplexidade

Hesito no caminho.
Ninguém segue este rumo...
É noutra direcção
que o vento leva o fumo
das paixões...
Chegar, sei que não chego,
de nenhuma maneira;
mas queria ao menos ir no lírico sossego
de quem não se enganou na estrada verdadeira.

E não vou.
Cada vez mais sòzinho
na solidão,
duvido da certeza dos meus passos.
Vejo a sede ancestral da multidão
voltar costas às fontes que pressinto,
e fico na mortal indecisão
de afirmar ou negar o cego instinto
que me serve de guia e de bordão.

MIGUEL TORGA

Theater of the Doll

The girl had blond hair.
So had the doll.
The girl had brown eyes.
The doll's were blue.
The girl loved the doll madly.
Whether the doll loved the girl, nobody knows.
But the girl died.
The doll stayed.
Now also nobody knows whether the girl loves the doll.

And the doll does not fit into any drawer.
The doll pushes up the lids of all the trunks.
The doll bursts out of all the cupboard doors.
The doll is larger than the presence of everything else.
The doll is everywhere.
The doll fills the whole house.

We must hide the doll.
We must make the doll disappear forever.
We must kill, we must bury the doll.

The doll.

The doll.

Carlos Queiroz (1907-49), poet, editor, essayist, art critic, and organizer of radio programs devoted to poetry.

Teatro da Boneca

A menina tinha os cabelos louros.
A boneca também.
A menina tinha os olhos castanhos.
Os da boneca eram azuis.
A menina gostava loucamente da boneca.
A boneca ninguém sabe se gostava da menina.
Mas a menina morreu.
A boneca ficou.
Agora também já ninguém sabe se a menina gosta da boneca.

E a boneca não cabe em nenhuma gaveta.
A boneca abre as tampas de todas as malas.
A boneca arromba as portas de todos os armários.
A boneca é maior que a presença de todas as coisas.
A boneca está em toda a parte.
A boneca enche a casa toda.

É preciso esconder a boneca.
É preciso que a boneca desapareça para sempre.
É preciso matar, é preciso enterrar a boneca.

A boneca.

A boneca.

Carlos Queiroz

Fantasy

> I shattered so many dreams
> in racing after life
> that when I held it tight
> along with its secrets too,
> I saw that I had forgotten
> the reasons for the race
> and now that I had the key
> I had mislaid the lock.

Adolfo Casais Monteiro (1908-), poet, professor, critic, and translator, now living in Brazil.

Fantasia

Despedacei tanto sonho
ao correr atrás da vida
que tendo-a por fim segura
e com ela os seus segredos
vi que já esquecera
as razões dêsse correr
e que tendo enfim a chave
já perdera a fechadura.

ADOLFO CASAIS MONTEIRO

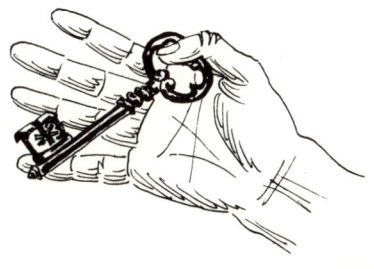

Parallel Hours

The courage to be a protea
in the high mountains of Africa
dims
the humble message
of the roses' ambition to be

Gold diamonds petroleum
are they black or white?

For everyone bread is the way

If work is the blackness
of the whites
the whiteness of the blacks
is work

Who deserves the wine and the wheat
along the roads?

Merícia de Lemos (1913-), *poet, journalist, and antiquarian. The protea is a spectacular flowering shrub.*

Horas Paralelas

A coragem de ser prótea
em altas montanhas de África
apaga
a humilde mensagem
da ambição de ser das rosas

É preto ou branco o ouro
o diamante o petróleo?

Para todos o pão é trilho

Se o trabalho é a negrura
dos brancos
é a brancura dos negros
o trabalho

Quem merece o vinho e o trigo
dos caminhos?

Merícia de Lemos

The Great Solitude, X

Curses on memory.
Curses on me for remembering.
Curses on this light, this hour, this aroma scattered on the air
in a mingling of salt, roses, and fire.
Curses on my eyes that insist on seeing you.
Curses on my ears that are always hearing you.
Curses on my hands clutching in the air a gesture you lost.
Curses on my hair that took the mold of your fingers.
Curses on my lips left with a hunger and a thirst
that is not for bread, for water, or for blood . . .
        Blessings on you, my love, blessings!

A Grande Solidão, X

Maldita seja a memória.
Maldita seja eu por me lembrar.
Maldita seja esta luz, esta hora, este aroma que se espalham no ar,
numa mistura de sal, rosas e lume.
Malditos os meus olhos que teimam em te ver.
Malditos os meus ouvidos que estão sempre a escutar-te.
Malditas as minhas mãos a agarrarem no espaço um gesto que perdeste.
Malditos os meus cabelos que tomaram o jeito dos teus dedos.
Malditos os meus lábios que ficaram cheios duma sede e duma fome
que não é a do pão, a da água ou a do sangue...
    Bem hajas, meu amor, bem hajas!

Merícia de Lemos

Before the Shrapnel

Before the shrapnel and the fear of death . . .
Before a nameless young body
rots forgotten in the rain . . .
Or floating plows the gentle waters . . .
Or is dismembered against the uncaring sky . . .

Before the terror and the weeping and the prayers . . .
A long sorrowful farewell
to the poems heaped in the depths of the drawer
and the renunciation of your tender love
and calm nights and unfinished dreams . . .

Before non-mysterious death . . .
A long sorrowful farewell
to the struggle one did not share.

Tomaz Kim (1915-), pseudonym of Joaquim Fernandes Tomaz Monteiro-Grillo; poet, professor, editor, and translator, who has lived in Cape Town and London.

"Antes da Metralha…"

Antes da metralha e do medo da morte…
Antes dum corpo jovem, anónimo,
apodrecer, esquecido, à chuva…
Ou singrar, boiando, nas águas mansas…
Ou se despedaçar contra o céu indiferente…

Antes do pavor e do pranto e da prece…
Um adeus longo e triste
aos poemas amontoados no fundo da gaveta
e a renúncia ao teu amor brando
e às noites calmas e ao sonho inacabado…

Antes da morte sem-mistério…
Um adeus longo e triste
à luta de que se não partilhou!

Tomaz Kim

The Inner Breath

A ship passes on the river. I see it again
later, only its billowing sails
above the crowd, the jumbled houses,
other facets chiseled by life.

Later it continues its course.
And I forget it. Then it appears
where there is neither river nor gulls.

Yet in those sweeter moments
I place it upon the clouds and blow
into its white sails the beloved destiny.

Ruy Cinatti (1915-), poet, agronomist, anthropologist, and meteorologist, who lived for some years in Timor; founder of the magazines Cadernos de Poesia *and* Aventura.

O Sopro Interior

Passa um barco no rio. Volto a vê-lo
depois, só nas velas insufladas,
por sobre a multidão, o casario,
outras faces da vida afeiçoadas.

Vai depois seguindo a sua rota.
Esqueço-me dele. Entanto surge
por onde não há rio nem gaivotas.

Porém, naqueles momentos mais suaves
coloco-o sobre as nuvens e assopro
nas velas brancas o destino amado.

Ruy Cinatti

When I Depart

When I depart, when I depart again,
soul and body united,
in a final ultimate effort of creation;
when I depart . . .
as if another being were born
from a chrysalis about to die on a sterile wall
and without the miracle opening to it
the windows of life . . .
Then I shall belong to me.
In my solitude my tears
will have the taste of horizons dreamed in adolescence,
and I shall be the master of my own liberty.
Nothing will remain in the place I occupied.
The last farewell will come from those open hands
that will bless a world abjured
in the silence of a night where a ship
takes me away forever.
But there
I shall reside in the hearts of some who loved me.
There I shall be as they themselves dreamed me.
Irremediably . . .
Forever.

Quando Eu Partir

Quando eu partir, quando eu partir de novo,
a alma e o corpo unidos,
num último e derradeiro esforço de criação;
quando eu partir...
como se um outro ser nascesse
de uma crisálida prestes a morrer sobre um muro estéril,
e sem que o milagre lhe abrisse
as janelas da vida...
Então pertencer-me-ei.
Na minha solidão, as minhas lágrimas
hão-de ter o gosto dos horizontes sonhados na adolescência,
e eu serei o senhor da minha própria liberdade.
Nada ficará no lugar que eu ocupei.
O último adeus virá daquelas mãos abertas,
que hão-de abençoar um mundo renegado
no silêncio de uma noite em que um navio
me levar para sempre.
Mas ali,
hei-de habitar no coração de certos que me amaram.
Ali hei-de ser eu como eles próprios me sonharam.
Irremediàvelmente...
Para sempre.

Ruy Cinatti

Nativity

He was born.
It was in a bed of husks
between sheets of dirty sacking
in a tumble-down old shanty.
Thirty hours later his mother took her hoe
and went along the side of the road
grubbing up bunches of weeds
for the wretched ewe.
And the baby was left in the shanty
alone with the black smoke on the walls
and the crackling of the fire,
curled up in a grape basket,
for there was no cradle
in that house.
And no one tells the story of the child
who had
no Magi to adore him,
no cattle to warm him,
but who is sure to have
many Kings of Judea to persecute him;
who will have no crowns of thorns
but a crown of bayonets
plunged deep
into his body.
No one will tell the story of the child.
No one will call him the Savior of the World.

Álvaro Feijó (1916-41), poet, who died while still a student at the Universidade de Coimbra. "Natal" was his last poem.

Natal

Nasceu.
Foi numa cama de folhelho
entre lençóis de estopa suja
num pardieiro velho.
Trinta horas depois a mãe pegou na enxada
e foi roçar nas bordas dos caminhos
manadas de ervas
para a ovelha triste.
E a criança ficou no pardieiro
só com o fumo negro das paredes
e o crepitar do fogo,
enroscada num cesto vindimeiro,
que não havia berço
naquela casa.
E ninguém conta a história do menino
que não teve
nem magos a adorá-lo,
nem vacas a aquecê-lo,
mas que há-de ter
muitos Reis da Judeia a persegui-lo;
que não terá coroas de espinhos
mas coroa de baionetas
postas até ao fundo
do seu corpo.
Ninguém há-de contar a história do menino.
Ninguém lhe vai chamar o Salvador do Mundo.

ÁLVARO FEIJÓ

The Solidarity of the Elements

    The wind lashing ceaselessly
    and blowing dust in eyes Caresses?
    Distresses

    The rain making holes in soles
    and freezing feet Assuages?
    Enrages

    And the cold on certain mornings biting hands
    and cracking lips Softens?
    Toughens

Mário Dionísio (1916-), whose full name is Mário Dionísio de Assis Monteiro; poet, professor, and critic of art and literature.

A Adesão dos Elementos

O vento que vergasta sem parar
e atira terra para a vista Acaricia?
Irrita

A chuva que fura as solas
e gela os pés Amolece?
Incita

E o frio de certas manhãs que dói nas mãos
e greta os lábios Amacia?
Endurece

Mário Dionísio

Elegy for the Dead Comrade

My comrade died at five in the morning
It was in the night at the end of the night at exactly five in the
    morning

Ah better if it had been night night only night
without the promise of the morning

Ah better if it had been night night night only night
and not in everything the smiling promise of the morning

Lying down forever at five in the morning

Now that he had learned to look at men firmly
and to see in the shadows that until then he had not seen the
    smiling promise of the morning

But who will be interested   friends   who
in one who has only the dream of the morning?

And once in the night at the end of the night at the very last of
    the night
my comrade lay down forever
and with his mouth shut forever
and with his eyes closed forever
and with his hands crossed forever
still and silent forever

And it was almost morning And it was almost morning

Elegia ao Companheiro Morto

Meu companheiro morreu às cinco da manhã
Foi de noite ao fim da noite às cinco em ponto da manhã

Ah antes fôsse noite noite apenas noite
sem a promessa da manhã

Ah antes fôsse noite noite noite apenas noite
e não houvesse em tudo a promessa risonha da manhã

Deitado para sempre às cinco da manhã

Agora que sabia olhar os homens com fôrça
e ver nas sombras que até aí não via a promessa risonha da manhã

Mas quem se vai interessar amigos quem
por quem só tem o sonho da manhã?

E uma vez de noite ao fim da noite mesmo ao cabo da noite
meu companheiro ficou deitado para sempre
e com a bôca cerrada para sempre
e com os olhos fechados para sempre
e com as mãos cruzadas para sempre
imóvel e calado para sempre

E era quase manhã E era quase manhã

Mário Dionísio

Discordant Laughter, XXIX

discreetly the joy of the world
comes from the corner to my side
under a fictitious name

only a touch a look
a dreamed-of word opening the door
everything changes forever

here is the enveloping whisper
the fruitful tremor arriving
like a first love approaching

forever another voice in my own
forever other hands in my own
leaves come forth unseen by the tree

I look anxiously around I look
at this transformation without noise
without banners without shouting

other streets and houses other feelings
emerge beneath the accomplice cloak of things
in the joy of the world on tiptoe discreetly

O Riso Dissonante, XXIX

discreta a alegria do mundo
vem a meu lado desde a esquina
com um nome suposto

apenas um contacto um olhar
uma palavra sonhada abrindo a porta
tudo se altera para sempre

eis a fala segredada e envolvente
eis o frémito fértil chegando
como um primeiro amor que se aproxima

para sempre outra voz na própria voz
para sempre outras mãos nas próprias mãos
nascem as folhas sem a árvore o ver

olho à volta ansiosamente olho
esta mudança sem ruído
sem bandeiras sem gritos

outras ruas e casas outros sentimentos
despontam sob o manto cúmplice das coisas
na alegria do mundo pé ante pé discreta

MÁRIO DIONÍSIO

Habitat, 23

The ox died that April dawn.
António had fallen asleep beside him in the straw.
And when he woke up, the lamp was still keeping watch
    and the friend-ox dead.
Dead. As a calf he had cost seven greenbacks at the Ansião fair.
Cacilda silently cried; the children stroked his flank,
trembling with fear and surprise.
April and the ground to be plowed.
April and months from then the wheat without the strong back of
    the ox on the way to the threshing floor.
The fodder drying on the hill.
The olive trees to be cultivated.
April, dawn, and the friend-ox dead.
God forgive us: Better if a person had died.

    Fernando Namora (1919-), *poet, physician, and novelist. "Terra" in this sense means one's own part of the world, inadequately translated by "Habitat."*

Terra, 23

O boi morreu naquela madrugada de Abril.
António adormecera a seu lado, caído de sono nas palhas.
Quando acordou, a candeia velava ainda
      e o boi-amigo morto.
Morto. Bezerrinho, custara sete notas na feira de Ansião.
Cacilda chorou silenciosamente; os filhos acariciaram o lombo,
trémulos de medo e espanto.
Abril e a terra por lavrar.
Abril e daí a meses o milho sem o dorso rijo do boi
      a caminho da eira.
O pasto secando no monte.
As oliveiras por amanhar.
Abril, madrugada, e o boi-amigo morto.
Deus nos perdoe: Antes morresse gente.

Fernando Namora

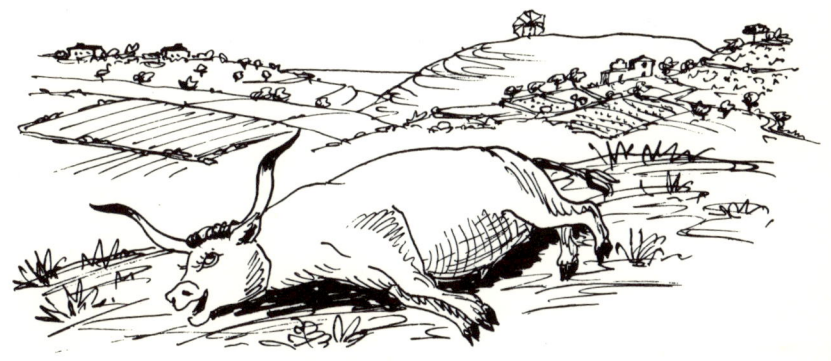

He Who Has It

I cannot die until I know
the color of liberty.

However far I chance to go,
my native country will be dear.
Though I belong to the world outside
and truth will always override,
how it feels to have freedom here
I cannot die until I know.

They changed all things to infamy,
and it's almost a crime to live and grow.
But though they hide all things from view
and want me blind and silent, too,
I cannot die until I know
the color of liberty.

༆༆༆

Liberty, liberty.
He who has it calls it his own.
I have not even liberty
to set foot in the street alone.

Jorge de Sena (1919-), *poet, engineer, critic, translator, and prose writer, now teaching in the United States. This poem takes its title from the folk quatrain printed below it.*

"Quem a Tem..."

Não hei-de morrer sem saber
qual a cor da liberdade.

Eu não posso senão ser
desta terra em que nasci.
Embora ao mundo pertença
e sempre a verdade vença,
qual será ser livre aqui,
não hei-de morrer sem saber.

Trocaram tudo em maldade,
é quase um crime viver.
Mas, embora escondam tudo
e me queiram cego e mudo,
não hei-de morrer sem saber
qual a cor da liberdade.

Liberdade, liberdade.
Quem a tem chama-lhe sua.
Eu não tenho liberdade,
nem de pôr o pé na rua.

JORGE DE SENA

Meditation at a Corner on King's Road

Solicitous of me, as in me or out of me,
they offer me the ways that open out
before my gestures, to where they beckon me.
Or do not beckon—rather, I
at the edge of the street cannot recoil,
now when the green lights are lit
for briefest moments. Shall I cross?
But how to know if I should or not?
How to know if it is due to me
or only to them that I have crossed?
How to know which of them, solicitous,
beckoned, or dragged, or impelled, because
another (which?) abandoned me here?
How to know of which one, to which one,
before the gesture or after the gesture,
before or after the simple steps,
the good was first, the bad was first?
However often I hesitate
for days, for years, at the edge, recalling
I had thought I knew or I had forgotten,
the same is always. No use to cry,
to sprout white hairs or gnaw at nails,
flinch at the dark or take from the wind
the calm security of a golden light.
Oh, nothing is any use. At the edge,
I feel them solicitous. Whatever I do,
through one the rest of the way will be.

The signals are lit—but toward which of them?—
now I have no time but to cross.

Meditação em King's Road

Solícitas de mim, como de mim ou fora,
oferecem-me os caminhos que desdobram
ante os meus gestos, a que me convidam.
Ou não convidam—antes eu à beira
da rua já não posso recuar,
acesas que já estão por só momentos
as luzes verdes. Atravesso? Mas
como saber se tal devera ou não?
Como saber se a mim me cabe ou cabe
a elas só que eu tenha atravessado?
Como saber qual delas, tão solícita,
me convidou, ou me arrastou, ou me impeliu,
porque outra (qual?) aqui me abandonou?
Como saber de qual e a qual,
antes do gesto ou só depois do gesto,
antes ou só depois dos simples passos,
era primeiro o bem, era primeiro o mal?
Por muitas vezes que, por dias, anos,
hesite à beira, recordando que
julgara ter sabido ou me esquecera já,
o mesmo é sempre. Nada vale chorar,
criar cabelos brancos ou roer as unhas,
tremer do escuro ou receber dos ares
a calma segurança de uma luz dourada.
Oh, coisa alguma vale. À beira do passeio,
solícitas as sinto. E faça quanto faça,
por uma delas há-de ser o resto.

Acesos os sinais—mas por qual delas?—
não tenho tempo já senão de atravessar.

Jorge de Sena

Day

> A white oasis was my day
> I navigated it secretly
> Only the wind was following me

The Breakers

> One by one the breakers gave way
> I was alone with the sand and the spray
> of the sea that was singing only for me

Night

> Night, night, persecuted night
> garden hanging high
> garment embroidered with unbreakable stars
> meeting and good-bye

Sophia de Mello Breyner Andresen (1919-), poet and prose writer.

Dia

Como um oásis branco era o meu dia
Nele secretamente eu navegava
Ùnicamente o vento me seguia

As Ondas

As ondas quebravam uma a uma
Eu estava só com a areia e com a espuma
do mar que cantava só para mim

Noite

Noite, noite, noite perseguida
jardim suspenso
vestido bordado de astros inquebráveis
encontro e despedida

SOPHIA DE MELLO BREYNER ANDRESEN

Plow

The dream nourishes the body
and all the rest is a lie.

The blacker the darkness of night
the larger the space for the stars.

Whether they revolve inside
or outside us I do not know.

But I know that some of them
lie down and get up with me,

as long as love is willing
to light them in your eyes,

as long as I have the strength
to catch them when they fall

on this dry or muddy ground
being furrowed by my heart.

Raul de Carvalho (1920-), poet and editor.

Arado

O sonho alimenta o corpo
e tudo o mais é mentira.

Quanto mais escura a noite
mais campo para as estrelas.

Se é dentro ou fora de nós
que elas se movem, não sei.

Mas sei que algumas se deitam
e se levantam comigo,

enquanto o amor quiser
acendê-las nos teus olhos,

enquanto eu tiver a força
de as segurar, quando caem

neste chão húmido ou seco
que o coração vai lavrando.

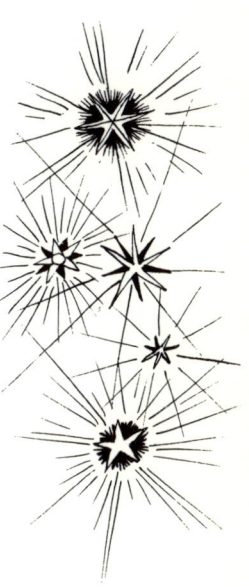

RAUL DE CARVALHO

Invention of the Morning, 4

I say what I feel and see
Millions of eyes piercing the mist
Millions of mouths kissing
Millions of arms lifting
Millions of hands petitioning
Chill versos of statues
molded by time in strength
in color in motion
Wanderers through an eternity
where God sculptured in breath
His own image
Herculean naked torsos
of men who rock themselves
to the phosphorescent music
of the morning when the angels
will place stars in each mortal's hands
And always the attitude   cold   useless
terrifyingly useless
in their own despair at being so
of those who in the face of life and death
silently smoke the cigarette of boredom

Vasco Miranda (1922-), pseudonym of Padre Arnaldo Cardoso Ferreira; poet, critic, and translator.

Invenção da Manhã, 4

Digo o que sinto e vejo
Milhões de olhos rompendo a névoa
Milhões de bocas beijando
Milhões de braços erguendo-se
Milhões de mãos suplicando
Dorsos álgidos de estátuas
que o tempo moldou em força
em movimento e cor
Deambulatórios de uma eternidade
em que Deus esculpiu em sopro
a sua própria imagem
Troncos nus hercúleos
de homens que a si mesmos se embalam
na música fosforescente
da manhã em que os anjos
hão-de pôr estrelas na mão de cada ser
E sempre a postura fria e inútil
terrìvelmente inútil
no próprio desespero de sê-lo
dos que em face da vida e da morte
fumam silenciosos o cigarro do tédio

Vasco Miranda

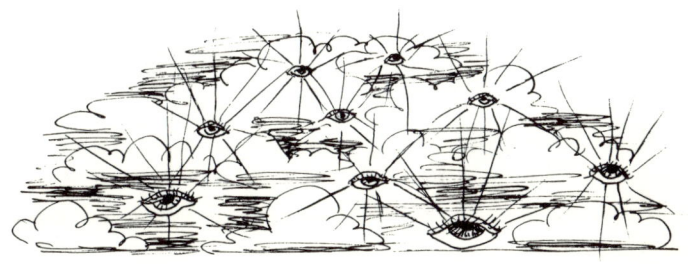

October

The dead are awaiting the November cold
while the chrysanthemum petals are taking shape
in this mid-October traditionally about to die.
The dead are awaiting! The cardiacs, the firing-squad victims,
the arrogant, the tubercular, the suicides
are awaiting their flowers, their pretext
to impose themselves on the hearts of the living
and wield nostalgia like a whip,
tearing the flesh of the knees they loved.
Now they order us to contemplate small objects
buried in the depths of inconvenient drawers . . .
Now they transform themselves into arrows
and present us with the most lifelike portraits
to be salted with tempestuous tears.
Ridiculous to offer them rides on the river,
marching constellations, lectures on sex,
illustrated magazines, scintillating fireworks.
Weeping is essential; November does not forget,
she strengthens her pillars and will soon stand erect.
With their clocks shattered against time, the dead
are lying in wait, wrapped in the lacking hours,
while the chrysanthemum petals twist into deformity
like the sorrow we will lay on the tombs.

Egito Gonçalves (1922-), poet, businessman, editor, actor, and theatrical director; founder of the magazine A Serpente. *"Outubro" refers to the approach of All Souls' Day on November second, a day of mourning.*

Outubro

Os mortos estão esperando o frio de Novembro
enquanto as pétalas dos crisântemos se vão definindo
neste meio de Outubro, hereditàriamente mortiço.
Os mortos estão esperando! Os cardíacos, os fuzilados,
os arrogantes, os tuberculosos, os suicidas
estão esperando as suas flores, o seu pretexto
para se imporem ao coração dos existentes
e manejarem a saudade como um látego,
rasgando a carne dos joelhos que amaram.
É a hora de nos ditarem a contemplação de pequenos objectos
sepultados no fundo de gavetas incómodas...
É a hora de se transformarem em flechas
e apresentarem os retratos fidelíssimos
para serem salgados de lágrimas veementes.
Ridículo oferecer-lhes passeios sobre o rio,
constelações em marcha, conferências sobre o sexo,
magazines ilustrados, coloridos foguetes luminosos.
O choro é essencial; Novembro não esquece,
reforça os seus pilares, não tardará a erguer-se.
Com os relógios quebrados contra o tempo
os mortos aguardam, embrulhados nas horas que não têm,
enquanto as pétalas dos crisântemos já se torcem, disformes,
como a dor que depositaremos sobre os túmulos.

EGITO GONÇALVES

Post Card

From here, so far away, I will tell you
that I love you.
I am in Rome and telling you my love
is not simple:
many things disturb me, attract me,
claim me;
there is not enough time for everything
—not even enough for not doing enough—
and thinking of you and saying I love you
presuppose an incalculable loss of time.

However, there it is, I cannot help it!
And anyway there is something beautiful
about stopping short in the middle of this Via Bocca di Leone
—street of no interest whatever, surely—
and right in front of a police station
saying "I love you," just like that,
and smiling.

Bilhete Postal

Daqui, de tão longe, dir-te-ei
que te amo.
Estou em Roma e dizer-te o meu amor
não é simples:
muita coisa me perturba, atrai,
solicita;
o tempo é pouco para tudo
—é pouco mesmo para pouca coisa—
e pensar em ti e dizer que te amo
pressupõe uma incalculável perda de tempo.

No entanto é assim, é mais forte do que eu!
E vá lá, tem a sua beleza
estacar no meio desta Via Bocca di Leone
—rua sem qualquer interesse, é certo—
e mesmo em frente a uma esquadra de polícia
dizer "amo-te", assim mesmo,
e sorrir.

Egito Gonçalves

Notes for a Song, Later On

Some day I will write a song,
a simple song,
for the young who learn their geography from war communiqués,
from the news in the papers,
from the foreign cables . . .
for the young who learn complicated names
pronounced in a strange way
with their hearts
with hope
with despair . . .
for those who, like me
and others who are younger,
know with their nerves where are Addis Ababa and Guadalajara,
Guadalcanal, the Gulf of Aqaba, Birkenau, and Dien Bien Phu . . .
for those who know all about the mystification of Munich
                       the destruction of Oradour
                       the geography of Seoul
                       the conspiracy of Caracas
                       the rebuilding of Coventry
                       the punishment of Nuremberg . . .

Some day I will write a song,
a simple song,
terrible as a burning wheat field,
ardent as the resistant peoples,
for those who know the essential thing
                  about Granada—the name of Federico
                  about Istanbul—the name of Nazim Hikmet
about Buchenwald, Drancy, Auschwitz—the names of Desnos
                                      Max Jacob
                                      Fondane
                                      etc., etc.

Apontamentos para uma Canção, Mais Tarde

Um dia escreverei uma canção,
uma simples canção,
para os jovens que aprendem geografia nos comunicados de guerra,
nas notícias dos jornais,
nos telegramas do estrangeiro...
para os jovens que aprendem nomes complicados
de pronúncia estranha
com o coração
com a esperança
com o desalento...
para os que, como eu,
e outros mais novos,
sabem com os nervos onde fica Adis-Abeba e Guadalajara,
Guadalcanal, o golfo de Akaba, Birkenau e Dien-Bien-Phu...
para os que sabem tudo da mistificação de Munique
                 da destruição de Oradour
                 da configuração de Seul
                 da conspiração de Caracas
                 da reconstrução de Coventry
                 da punição de Nuremberg...

Um dia escreverei uma canção,
uma simples canção,
terrível como um campo de trigo incendiado,
ardente como os povos que resistem,
para os que sabem o essencial
               de Granada—o nome de Federico
               de Istambul—o nome de Nazim Hikmet
de Buchenwald, Drancy, Auschwitz, os nomes de Desnos
                                Max Jacob
                                Fondane
                                etc., etc.

hundreds of et ceteras
each corresponding to a legal name,
to a dead bird.

A song as bloody as the Tagu religion,
uncommon as the erection of the hanged,
for those who link the generals' names to the number of corpses,
who know the places where the ruin makers operate,
who have indigestion in front of posters
and return home solitary,
to drink the soup of another defeat
in which they took no part.

A song as savage as the scalp hunters,
destructive as a Japanese earthquake,
for those who know the exact point on the map for every crime,
and every morning learn unusual new names
that burst their eardrums
as if bombs were exploding in the peace where they live.
(Names that tourists do not find on the itineraries
given them by the agencies along with canned pleasure.)

Some day I will write a song,
a simple song,
strong as the arrows of Death,
for the young experts in geography
who know all about Hiroshima
and breathe—for how long?—to the rhythm of Oak Ridge.

centenas de *et caeteras*
cada um correspondendo a um nome válido,
a um pássaro morto.

Uma canção sanguinária como a religião dos Tughs,
insólita como a erecção dos enforcados,
para os que ligam o nome dos generais ao número de cadáveres,
sabem os locais onde operam os construtores de ruínas,
sofrem cólicas diante dos placards
e regressam a casa, solitários,
para comer a sopa de mais uma derrota
em que não intervieram.

Uma canção selvagem como os caçadores de escalpes,
destruidora como um terramoto japonês,
para os que sabem de cada crime o ponto certo no mapa
e aprendem, cada manhã, novos nomes invulgares
que lhes rebentam os ouvidos
como se deflagrassem bombas dentro da paz que habitam.
(Nomes que os turistas não encontram nos roteiros de viagens
que as Agências lhe fornecem com o prazer enlatado.)

Um dia escreverei uma canção,
uma simples canção,
firme como as flechas da Morte,
para os jovens eruditos da Geografia
que sabem tudo de Hiroshima
e respiram—até quando?—ao ritmo de Oak Ridge.

EGITO GONÇALVES

Autography, V

Light is made by the process
of eliminating shadows
But shadows exist
shadows have an exhaustive life of their own
not on either side of the light but in its very breast
intensely lovers   madly loved
and they scatter on the floor arms of gray light
that enter point first into the eyes of man

On the other hand the shadow called light
does not illumine   really   objects
objects live in the dark
in a perpetual surrealist dawn
with which we cannot make contact
except like lovers
with closed eyes
and lamps in their fingers   and mouths

Mário Cesariny de Vasconcelos (1923-), poet, critic, editor, and painter, one of the first surrealist poets of Portugal.

Autografia, V

Faz-se luz pelo processo
de eliminação de sombras
Ora as sombras existem
as sombras têm exaustiva vida própria
não dum e doutro lado da luz mas no próprio seio dela
intensamente amantes   loucamente amadas
e espalham pelo chão braços de luz cinzenta
que se introduzem pelo bico nos olhos do homem

Por outro lado a sombra dita a luz
não ilumina   realmente   os objectos
os objectos vivem às escuras
numa perpétua aurora surrealista
com a qual não podemos contactar
senão como os amantes
de olhos fechados
e lâmpadas nos dedos   e na boca

MÁRIO CESARINY DE VASCONCELOS

To the Last Sun

Oh these autumnal leaves
where the sorrow of our brief being
is suddenly ignited
and flutters, threatened.

To the last sun, to the last branch,
to the last afternoon
they cling, to the last definitive breath of air
that bears them, still rosy
in remembrance, to the ground.

Taciturn the sun edges around the hills.
Silent we think of home.
A sound accompanies our steps
—the dead leaves.

João Maia, S. J. (1923-), poet, professor, critic, and prose writer.

Ao Último Sol

Oh! estas folhas outoniças
onde a nossa tristeza de ser breves
de repente se ilumina
e tremula, ameaçada.

Ao último sol, ao último ramo,
à última tarde,
ao último e definitivo sopro, se apegam,
que as leva, róseas ainda,
através da lembrança, para o chão.

O sol dobra os montes, taciturno.
Silenciosos lembramo-nos de casa.
Um rumor acompanha os nossos passos
—as folhas mortas.

JOÃO MAIA

Lyrical Ostrich

Ostrich without flight:
the sarcasm of two brief wings
(frustrated desire for space and light,
for lyrical, fragile, weightless things);

feet accustomed to earth;
fly? as far as neck pierces air.
Beast unclassified from birth:
neither here nor there.

This I am (the painful irony—
the modesty out of nowhere bred).
Hence the ridiculous fantasy
of hiding myself in poetry,
believing myself unread.

António Manuel Couto Viana (1923-), poet, editor, actor, dramatist, and theatrical director, co-founder of the magazine Távola Redonda.

O Avestruz Lírico

Avestruz:
o sarcasmo de duas asas breves
(ânsia frustrada de espaço e luz,
de coisas frágeis, líricas, leves);

patas afeitas ao chão;
voar? até onde o pescoço dá.
Bicho sem classificação:
nem cá, nem lá.

Isto sou (dói-me a ironia
—pudor nem eu sei de quê).
Daí a absurda fantasia
de me esconder na poesia
por crer que ninguém a lê.

António Manuel Couto Viana

The Taut String

    The taut string that is I,
    God alone can cause
    to vibrate . . .

    Ah lingering lovely melody! . . .
    —God runs His fingers over me
    and I am only Sound   as for
    the taut string, it is known no more . . .

Sebastião da Gama (1924-52), poet and professor, who was frequently inspired by the Serra da Arrábida.

A Corda Tensa que Eu Sou

A corda tensa que eu sou,
o Senhor Deus é quem
a faz vibrar...

Ai linda longa melodia imensa!...
—Por mim os dedos passa Deus   e então
já sou apenas Som   e não
se sabe mais da corda tensa...

Sebastião da Gama

Mist

In the pine groves there is mist . . .
Treacherously, slyly,
grows and grows again the mist . . .

But the pine trees do not know
if that slender long white hand
is to drown them or caress.

Malicious, crafty, slow,
rises the mist . . .
Almost submerged the pine woods stand.
But the pine trees do not know
if they should scream, or kiss
the long white slender hand
that strangles them . . .

Nevoeiro

Há nevoeiro nos pinhais...
Pèrfidamente, sorrateiro,
cresce, recresce o nevoeiro...

Mas os pinheiros não sabem mais
se aquela branca longa mão fina
é p'ra afogá-los, se é uma carícia.

Subtil, manhoso, todo malícia,
sobe o nevoeiro...
São quase imersos os pinheirais.
Mas os pinheiros não sabem mais
se hão-de gritar, se hão-de beijar
aquela fina branca mão longa
que os estrangula...

Sebastião da Gama

Astromania

    I counted the stars with my finger . . .

    Now when I come to the end,
    I suspect
    that the count is not correct.

    . . . That what I must have done
        was to count myself in at 1.

Astromania

Contei os Astros a dedo...

Agora, que estou no fim,
tenho medo
de ter errado na conta.

... De enganar-me em 1, por ter
contado também a mim.

SEBASTIÃO DA GAMA

In My Favor

In my favor
I have the secret green of your eyes
some words of hate some words of love
the carpet departing for the infinite
tonight or any night

In my favor
the walls that slowly affront
a certain refuge above the murmurs
of flowing life that may insist on coming
the boat hidden by the foliage
the garden where the adventure begins again.

Alexandre O'Neill (1924-), poet, businessman, and painter.

A Meu Favor

A meu favor
tenho o verde secreto dos teus olhos
algumas palavras de ódio algumas palavras de amor
o tapete que vai partir para o infinito
esta noite ou uma noite qualquer

A meu favor
as paredes que insultam devagar
certo refúgio acima do murmúrio
que da vida corrente teime em vir
o barco escondido pela folhagem
o jardim onde a aventura recomeça.

Alexandre O'Neill

Dog

Passerby dog, exacting dog,
crawling dog color of a yellow glove,
pencil sharpener, skirt-and-lap dog,
liquefied dog, exhausted dog,
dog with a hanging necktie,
dog with starched ears,
wagging a missing tail,
howling dog, sparkling dog,
dismal thin cursèd dog,
unmaking himself in a whine,
remaking himself in a bark,
bullet-shot dog: dog here,
dog farther on, and forever dog.
Pointing dog, frozen to a thread of scent,
dog stripping the bone
essential to his day by day,
dog demented with joy,
formal dog of poetry,
sonnet dog with a hammering bow-wow,
dog reeling at a beating
and feeling with his master,
dog: a sphere of sleep,
dog of pure invention, prefabricated dog,
mirror dog, ash tray dog, hot water bottle dog,
dog with piteous eyes,
problem dog at last . . .

Dog, get out of this poem fast!

Cão

Cão passageiro, cão estrito,
cão rasteiro cor de luva amarela,
apara-lápis, fraldiqueiro,
cão liquefeito, cão estafado,
cão de gravata pendente,
cão de orelhas engomadas,
de remexido rabo ausente,
cão ululante, cão coruscante,
cão magro, tétrico, maldito,
a desfazer-se num ganido,
a refazer-se num latido,
cão disparado: cão aqui,
cão além, e sempre cão.
Cão marrado, preso a um fio de cheiro,
cão a esburgar o osso
essencial do dia a dia,
cão estouvado de alegria,
cão formal da poesia,
cão-soneto de ão-ão bem martelado,
cão moído de pancada
e condoído do dono,
cão: esfera do sono,
cão de pura invenção, cão pre-fabricado,
cão-espelho, cão-cinzeiro, cão-botija,
cão de olhos que afligem,
cão-problema...

Sai depressa, ó cão, deste poema!

ALEXANDRE O'NEILL

I Cannot Postpone

I cannot postpone love to some other century
I cannot
even if the shout is suffocated in my throat
even if hate erupts and crackles and burns
under ash-gray mountains
and ash-gray mountains

I cannot postpone this embrace
a weapon with two edges
love and hate

I cannot postpone
even if the night weighs centuries on my back
and the indecisive dawn delays
I cannot postpone to some other century my life
nor my love
nor my shout of liberation

António Ramos Rosa (1924-), poet, professor, translator, critic, and co-founder of the magazines Cadernos do Meio Dia *and* Árvore.

Não Posso Adiar

Não posso adiar o amor para outro século
não posso
ainda que o grito sufoque na garganta
ainda que o ódio estale e crepite e arda
sob montanhas cinzentas
e montanhas cinzentas

Não posso adiar este abraço
que é uma arma de dois gumes
amor e ódio

Não posso adiar
ainda que a noite pese séculos sobre as costas
e a aurora indecisa demore
não posso adiar para outro século a minha vida
nem o meu amor
nem o meu grito de libertação

António Ramos Rosa

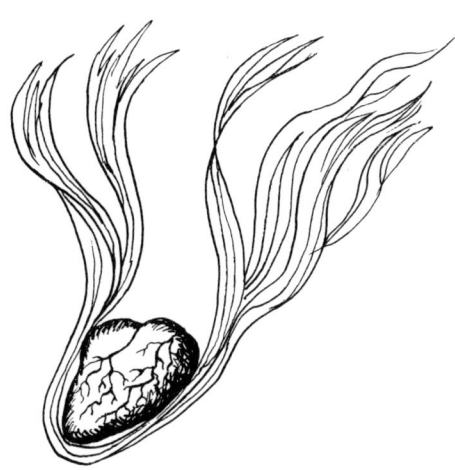

The Tired Office Worker

Night confused my dreams and hands
dispersed my friends
my heart is bewildered and the street is narrow
narrow at every step
the houses swallow us
we disappear
I am in a room alone in a room alone
with my confused dreams
with life all upside down burning in a room alone
I am an exhausted office worker
a sad office worker
my soul does not go along with my hand
Debit and Credit Debit and Credit
my soul does not dance with the figures
ashamed I try to hide it
the boss caught me with a lyrical eye on the bird cage in the yard
        across the way
and deducted it from my pay check
I am an office worker tired by an exemplary day
Why don't I feel proud of having done my duty?
Why do I feel irremediably lost in my tiredness?

I spell out generous old words
Flower   girl   friend   boy
brother   kiss   sweetheart
mother   star   music
They are the crosswords of my dream
words buried in the prison of my life
this all the nights in the world just one long night
in a room alone

O Funcionário Cansado

A noite trocou-me os sonhos e as mãos
dispersou-me os amigos
tenho o coração confundido e a rua é estreita
estreita em cada passo
as casas engolem-nos
sumimo-nos
estou num quarto só num quarto só
com os sonhos trocados
com toda a vida às avessas a arder num quarto só
Sou um funcionário apagado
um funcionário triste
a minha alma não acompanha a minha mão
Débito e Crédito Débito e Crédito
a minha alma não dança com os números
tento escondê-la envergonhado
o chefe apanhou-me com o olho lírico na gaiola do quintal em
    frente
e debitou-me na minha conta de empregado
Sou um funcionário cansado dum dia exemplar
Porque não me sinto orgulhoso de ter cumprido o meu dever?
Porque me sinto irremediàvelmente perdido no meu cansaço?

Soletro velhas palavras generosas
Flor rapariga amigo menino
irmão beijo namorada
mãe estrela música
São as palavras cruzadas do meu sonho
palavras soterradas na prisão da minha vida
isto todas as noites do mundo uma noite só comprida
num quarto só

António Ramos Rosa

Untitled Poem

Lyricism consumed your eyes.
Sculpture consumed your body.
Music consumed your anguish.
And I consumed your innocence.

By what magnificent equilibrium do we keep ourselves alive?
What mysterious force holds us perpendicular?
What stubborn serum flows in our veins?

Are we waiting for a miracle
or merely for tomorrow?

António Luís Moita (1925-), poet and businessman, co-founder of the magazine Árvore.

Poesia sem Título

O lirismo esgotou os teus olhos.
A escultura esgotou o teu corpo.
A música esgotou a tua angústia.
Eu esgotei a tua candura.

Por que magnífico equilíbrio nos mantemos vivos ainda?
Que misteriosa força nos sustém perpendiculares?
Que seiva teima em correr em nossas veias?

Aguardamos um milagre
ou apenas o dia de amanhã?

António Luís Moita

Haiku

We have five senses,
two and a half pairs of wings.
—You expect balance?

David Mourão-Ferreira (1927-), poet, professor, actor, dramatist, editor, and critic.

Hai-Kai

Nós temos cinco sentidos:
são dois pares e meio d'asas.
—Como quereis o equilíbrio?

David Mourão-Ferreira

Draft Notice

They ignored my name and I was a number
—less than a dried leaf in a herbarium.
Their hands plucked my number, gelidly, zealously;
on a post card they wrote it, unperturbed.

Invitation to die . . . but for what?
Invitation to kill . . . but for whom?
Oh shadowy secretary, precipitate
hurried executioner, hidden
behind a rapid illegible squiggle,
what will you say of my name and of others,
what will you say about me and about others,
on the Day of Judgment, impending, imminent
—what will you say if your hand did not quiver
as it rapidly scribbled that squiggle?

I know that your hand is only the instrument
but beyond your shoulder you belong to you.
You might well have wept, have hesitated . . .
—A tearstain would suffice
to give meaning to our death
convoked by your indifference!

Aviso de Mobilização

Passaram pelo meu nome e eu era um número,
—menos que a folha seca de um herbário.
Colheram-no com mãos de zelo e gelo;
escreveram-no, sem mágoa, num postal.

Convite a que morresse... mas por quê?
Convite a que matasse... mas por quem?
Ó vago amanuense, ó apressado
e súbito verdugo, que te ocultas
numa rubrica rápida, ilegível,
que dirás tu do meu e de outros nomes,
que dirás tu de mim e de outros mais,
no Dia do Juízo já tão próximo,
—que dirás tu de nós, se nem tremeu,
na rápida rubrica, a tua mão?

Bem sei que a tua mão só executa;
mas para além do ombro a ti pertences...
Bem puderas chorar, ter hesitado...
—A mancha de uma lágrima bastara
para dar um sentido a esta morte
a que a tua indiferença nos convoca!

DAVID MOURÃO-FERREIRA

Conjugation

The construction of poems is a sail split down the middle
and covered with mold
it is the momentary suspension of a pang in a tooth sharp
As A Needle

The construction of poems

THE CON
STRUC
TION OF
POEMS

is like killing many fleas with blue-gold fingernails
is like loving white ants obsessively against the breast
looking ahead at a landscape and seeing an abyss
seeing the abyss and feeling a thrown stone in one's back
feeling the thrown stone and imagining oneself involuntarily
　　　　　suddenly

　　IN AN EXHAUSTIVE TOMB.

António Maria Lisboa (1928-53), one of the outstanding surrealist poets of Portugal.

Conjugação

A construção dos poemas é uma vela aberta ao meio
e coberta de bolor
é a suspensão momentânea dum arrepio num dente fino
Como Uma Agulha

A construção dos poemas

A CONS
TRU
ÇÃO DOS
POEMAS

é como matar muitas pulgas com unhas de oiro azul
é como amar formigas brancas obsessivamente junto ao peito
olhar uma paisagem em frente e ver um abismo
ver o abismo e sentir uma pedrada nas costas
sentir a pedrada e imaginar-se sem pensar de repente

NUM TÚMULO EXAUSTIVO.

António Maria Lisboa

Upper Town

It was a steep street that suddenly
was laughing
It was not a smile it was a laugh
splitting the sides of the street
In a perpendicular street
there were clothes dancing
from window to window
—skirts sheets workmen's trousers—
face to face and the buildings laughing
like heads that almost touched
laughing so hard at that time in the morning
in the Upper Town

Alberto de Lacerda (1928-), poet and critic born in Mozambique, who has lived in Lisbon and London. "Bairro Alto" is a vivid picture of a Lisbon street.

Bairro Alto

Era uma rua que ria
sùbitamente
Não era sorriso era um riso
em que a rua se abria até morrer
Numa rua perpendicular
eram roupas dançando
de janela pra janela
  —saias lençóis calças de operário—
frente a frente e os prédios rindo
como cabeças que quase se tocassem
de tanto rir àquela hora da manhã
no Bairro Alto

Alberto de Lacerda

Divine Attributes

Modesty is a divine attribute
savage immodesty too
and the open laughing and the loud crying
and the tear caught in the solitary hands of the night
and the smiling to oneself that nobody else understands

All these are divine attributes
They are the seasons of the year
peculiar to love

Atributos Divinos

O pudor é um atributo divino
o impudor selvagem também
e o riso aberto e o choro alto
e a lágrima recolhida nas mãos solitárias da noite
e o sorrir para si próprio que ninguém mais entende

Tudo isso são atributos divinos
São as estações do ano
próprias do amor

Alberto de Lacerda

Index

A Meu Favor, 77
A Adesão dos Elementos, 39
Andresen, Sophia de Mello Breyner, 50-51
"*Antes da Metralha...*", 31
Ao Último Sol, 67
Apontamentos para uma Canção, Mais Tarde, 61, 63
Arado, 53
Astromania, 74
Astromania, 75
Atributos Divinos, 95
Autografia, V, 65
Autography, V, 64
O Avestruz Lírico, 69
Aviso de Mobilização, 89
Bairro Alto, 93
Before the Shrapnel, 30
Beginning, 16
Bilhete Postal, 59
The Breakers, 50
Cão, 79
Carvalho, Raul de, 52-53
Cinatti, Ruy, 32-35
Conflict, 18
Conflito, 19
Conjugação, 91
Conjugation, 90
A Corda Tensa que Eu Sou, 71
Da Cal, Ernesto Guerra, 9-10
Day, 50
Deserted Streets XVII, 12
Dia, 51
Dias, Saúl, 16-17
Dionísio, Mário, 38-43
Discordant Laughter, XXIX, 42
Divine Attributes, 94
Dog, 78
Draft Notice, 88
Elegia ao Companheiro Morto, 41
Elegy for the Dead Comrade, 40
Fantasia, 25
Fantasy, 24
Feijó, Álvaro, 36-37
Ferreira, José Gomes, 12-13
O Funcionário Cansado, 83
Gama, Sebastião da, 70-75
Gonçalves, Egito, 56-63
A Grande Solidão, X, 29
The Great Solitude, X, 28
Habitat, 23, 44
Hai-Kai, 87
Haiku, 86
He Who Has It, 46
Horas Paralelas, 27
I Cannot Postpone, 80
In My Favor, 76
Início, 17
The Inner Breath, 32
Invenção da Manhã, 4, 55
Invention of the Morning, 4, 54
Kim, Tomaz, 30-31
Lacerda, Alberto de, 92-95
Lemos, Merícia de, 26-29
Lisboa, António Maria, 90-91
Lyrical Ostrich, 68
Maia, João, 66-67
Meditação em King's Road, 49
Meditation at a Corner on King's Road, 48
Miranda, Vasco, 54-55
Mist, 72
Moita, António Luís, 84-85
Monteiro, Adolfo Casais, 24-25
Mourão-Ferreira, David, 86-89
Namora, Fernando, 44-45
Não Posso Adiar, 81
Natal, 37
Nativity, 36
Nevoeiro, 73
Night, 50
Noite, 51
Notes for a Song, Later On, 60, 62
October, 56
As Ondas, 51
O'Neill, Alexandre, 76-79
Outubro, 57
Parallel Hours, 26
Perplexidade, 21
Perplexity, 20
Plow, 52
Poesia sem Título, 85
Post Card, 58
Quando Eu Partir, 35
Queiroz, Carlos, 22-23
"*Quem a Tem...*", 47
Régio, José, 14-15
O Riso Dissonante, XXIX, 43
Rosa, António Ramos, 80-83
Ruas Desertas, XVII, 13
Sabedoria, 15
Sena, Jorge de, 46-49
Serpa, Alberto de, 18-19
The Solidarity of the Elements, 38
O Sopro Interior, 33
The Taut String, 70
Teatro da Boneca, 23
Terra, 23, 45
Theater of the Doll, 22
The Tired Office Worker, 82
To the Last Sun, 66
Torga, Miguel, 20-21
Untitled Poem, 84
Upper Town, 92
Vasconcelos, Mário Cesariny de, 64-65
Viana, António Manuel Couto, 68-69
When I Depart, 34
Wisdom, 14

DATE DUE